¡Qué viaje, Ámbar Dorado!

PAULA DANZIGER

Ilustraciones de **Tony Ross**

ALFAGUARA
INFANTIL

ALFAGUARA

Título original: *What a Trip, Amber Brown*
© Del texto: 2001, Paula Danziger
© De las ilustraciones: 2001, Tony Ross
Todos los derechos reservados.
Publicado en español con la autorización de G.P. Putnam's Sons,
una división de Penguin Young Readers Group (USA), Inc.

© De esta edición:
2007, Santillana USA Publishing Company, Inc.
2023 NW 84th Avenue
Miami, FL 33122, USA
www.santillanausa.com

Traducción: Enrique Mercado
Cuidado de la edición: Isabel Mendoza

Alfaguara es un sello editorial del **Grupo Santillana**. Éstas son
sus sedes:

ARGENTINA, BOLIVIA, CHILE, COLOMBIA, COSTA RICA, ECUADOR,
EL SALVADOR, ESPAÑA, ESTADOS UNIDOS, GUATEMALA, MÉXICO,
PANAMÁ, PARAGUAY, PERÚ, PUERTO RICO, REPÚBLICA DOMINICANA,
URUGUAY Y VENEZUELA.

¡Qué viaje, Ámbar Dorado!
ISBN 10: 1-59820-592-7
ISBN 13: 978-1-59820-592-3

Impreso en Colombia por D'vinni S.A.

15 14 13 12   3 4 5 6 7 8 9 10

Para Margaret Frith

P.D.

"**Y**o quiero. Tú quieres. Todos queremos helado", cantamos Justo y yo una y otra vez. Dani sólo grita:

—¡Helado! ¡Helado! ¡Helado!

Dani tiene apenas tres años. Es el hermanito de Justo.

—¡Basta! —dice mi mamá.

Nos vamos de vacaciones por dos semanas:

yo, Ámbar Dorado; mi mamá;

Justo, que es mi mejor amigo; Dani;

y su mamá, la señora Daniels.

Nuestros papás llegarán el fin de semana,

que es cuando empiezan sus vacaciones.

Ya casi llegamos a los Poconos.

Ahí está la casa a la que vamos.

—Tienes algo en la nariz —dice Justo
poniendo su dedo debajo de mi nariz.

—¿Sí? Pues tú también —le digo yo sin moverme.
Yo, Ámbar Dorado, ya conozco sus bromas.

—Helado en la nariz —ríe Dani atrás.

—Justo y Ámbar, dentro de unas semanas
van a entrar a segundo grado —dice mi mamá—.
Ya están grandecitos. Espero que se porten bien.
Saben que los montes Poconos están
en Pensilvania, ¿no? Así que quédense quietos
hasta que lleguemos.

Justo y yo nos hacemos cara de pescado uno
al otro.

De repente, oímos un ruido horrible atrás.

No nos podemos voltear, porque tenemos
el cinturón de seguridad puesto.

No vemos nada, pero claro que lo olemos.

La señora Daniels detiene el auto y limpia a Dani.
Justo y yo nos tapamos la nariz. ¡El auto huele
a diablos!

Avanzamos un poco más. Entonces mi mamá dice:

—En la próxima calle, a la derecha… ¡ya casi llegamos!

Vemos una gran casa blanca enfrente.

—¡Llegamos! —dice mi mamá feliz.

Justo y yo saltamos del auto y corremos.

Hay un árbol con un columpio.

Tras la cerca encontramos una piscina.

¡Van a ser unas vacaciones fabulosas…

en cuanto desempaquemos!

Yo, Ámbar Dorado,

soy la desempacadora más rápida del mundo.

En sólo siete minutos y tres cuartos

todas mis cosas están desempacadas.

Justo toca, entra y mira.

—¡Qué suerte que no tengas que compartir

tu cuarto con un hermano vomitón!

Luego, dice: —¡Anda, tortuga! Vámonos.

Si no te apuras, te voy a poner boca arriba.

—Justo Daniels —le digo—,
¡sólo llevamos aquí unos minutos!
—Pero yo ya terminé de desempacar y
te estoy esperando, Ámbar.
—Primero tengo que ver tu cuarto —digo.
Quiero descubrir cómo Justo se volvió
el desempacador más rápido del mundo.
Y lo descubro.
Justo Daniels es el desempacador
más desordenado del mundo.

Bajamos y nuestras mamás nos dan plátanos.

Justo y yo jugamos a ser monos.

Nos rascamos las axilas.

Corremos por todos lados.

Encontramos una casa en un árbol…

¡Podemos jugar a que es la casa de los monos!

En la piscina… ¡Podemos ser ballenas!

Un animal con cuernos nos mira desde el bosque.

—¡Mira, es un venado! —digo.

—Tal vez es de Santa Claus, que está aquí de vacaciones.

Justo se pone a cantar:

—Era Rodolfo un reno...

—y se da un golpe en la nariz.

—Que tenía la nariz roja...

porque lo picó una avispa.

El venado se va.

—Justo —le digo—, durmamos afuera.

Hemos dormido uno en casa del otro, pero

NUNCA afuera.

Él brinca de alegría.

—¡Qué buena idea!

Sólo hay que convencer a nuestros padres.

—Bueno, pero que tu papá duerma con ustedes

—dice mi mamá.

—Dile a tu papá cuando llame esta noche —le

dice a Justo su mamá.

—Nademos en la piscina —dice Dani.

Justo y yo la llamamos "cina",

porque nuestras mamás nos dijeron

que no debemos hacernos pis en la piscina.

Espero que se lo recuerden a Dani.

—¡Splash! —dice Dani, saltando al agua.

Aprendió a nadar cuando era bebé.

Igual que Justo.

A mí, Ámbar Dorado, me da miedo nadar.
Pero me gusta estar en la piscina,
si mis pies tocan el fondo y
traigo un chaleco salvavidas.
Justo nada sin parar. Me salpica.
—¡Ya! —le digo.
Pero él sigue.

Me salpica otra vez.

Me entra agua en la nariz.

—¡Ataque submarino! —grita Justo.

Se hunde y vuelve a salir.

Me echa un trago de agua.

—¡Dije que YA! —le grito.

—Nena chillona —me saca la lengua.

—No soy ninguna nena.

Lo salpico.

Y él, a mí.

Ahora me entran litros de agua en la nariz.

Toso. Me sale agua por la nariz.

24

Justo sale y se echa un clavado.

¡SPLASH!

Yo, Ámbar Dorado, me enojo mucho.

Su mamá lo regaña.

Yo, Ámbar Dorado, me alegro.

Esperen a que estemos en tierra firme en nuestro campamento.

Cuando nos ataque un gigantesco oso pardo, yo lo salvaré, y Justo Daniels tendrá que decir que yo, Ámbar Dorado,

soy la persona más valiente del mundo.

Mientras tanto, no le voy a hablar.

Yo, Ámbar Dorado,

me quedo en mi cuarto leyendo.

No le hablo a Justo.

No le hablo a mi mamá,

porque me dijo que debía hablarle a Justo.

Me asomo a la ventana y veo la "cina",

que ahora tal vez sea piscina gracias a Dani.

No me gusta dejar de hablar.

Pero les dije a todos que estoy enojada.

Tocan a la puerta.

—¿Quién es? —pregunto.

—Bu.

Es la voz de Justo.

No digo nada.

Él repite:

—Bu.

—Dos *bus* suenan a *bo-bo*,

y eso eres tú: un bobo

con nuestra amistad —le digo.

—Anda, Ámbar —insiste Justo—. Bu.

—¿*Bu* qué? —pregunto por fin.

Él abre la puerta.

—No tienes por qué gritar. Perdóname —dice.

Me hace cara de pescado.

—No quiero saber de nada que tenga
que ver con agua en este momento.

Cruzo los brazos.

Justo se pone en cuatro patas

y hace ruidos de perro.

—Revuélcate. Hazte el muertito —le digo.

Lo hace.

Luego, se arrastra, me lame la mano,

y se vuelve a echar.

No puedo evitarlo.

Le rasco la panza como a un perro.

Es difícil estar enojada con Justo.

Yo, Ámbar Dorado, estoy muy emocionada.

Justo Daniels también lo está.

Ya llegaron nuestros papás y, en cuanto oscurezca,

vamos a ir a dormir afuera.

Dani no está tan emocionado como nosotros.

Tiene que quedarse en la casa con nuestras mamás.

Le dijimos que iba a "acampar adentro",

pero no es nada tonto.

Sabe que es una manera de decirle:

"Eres bebé y no puedes hacer

lo que hacen los niños grandes".

Justo y yo ya tenemos listo

todo lo que necesitamos.

Nuestros papás arman la tienda de campaña.

Nuestras mamás empacan la comida.

Justo y yo ya empacamos

parte de nuestra comida.

Empieza a oscurecer.

El papá de Justo entra en la casa.

—La tienda está lista.

Tiene un chichón en la cabeza,

porque la tienda le cayó encima.

Justo y yo damos saltos de emoción.

Dani grita:

—¡Quiero ir!

—¡No! —le decimos Justo y yo juntos.

Dani se tira al suelo

y hace un gran berrinche.

Tomamos nuestras cosas y salimos a la tienda.

Seguimos oyendo los gritos de Dani.

Mi papá está parado junto a la tienda.

Habla por su teléfono celular.

—Miguel, por favor dile al cliente

que yo lo llamo el lunes en la mañana.

A propósito, dejo caer algo del campamento

sobre su pie.

—¡Auch!

Mi papá mueve el pie y sigue hablando.

—Papá —le digo—, son tus vacaciones.

Nuestras vacaciones.

Voltea a mirarme.

Le lanzo una mirada que dice:

"Soy tu hija… tu única hija…

Por favor… hazlo por mí".

Él dice: —Adiós. Te hablo el lunes. Ahora
tengo un campamento en mi agenda.
El lunes resuelvo eso.

Guardamos todo y merendamos.
Justo y yo preparamos pinchos con
cebollitas, tomates y malvaviscos.
Nos sentamos a cantar canciones y anuncios
de la tele.
Luego, empiezan las historias de fantasmas.

¡Nuestros papás pueden contar historias espantosas!
Yo no sé la panza de Justo…
pero la mía me comienza a doler.
No sé si son los pinchos
o las historias de miedo.

Cada vez está más oscuro.

Brillan las luciérnagas.

Me pregunto qué animales salen de noche

en los Poconos.

—Es hora de dormir —dice mi papá.

Cuando estoy a punto de meterme

en mi bolsa de dormir,

Justo me dice: —Revisemos que no haya

víboras en nuestras bolsas de dormir.

Yo, Ámbar Dorado, reviso con mucho cuidado.

Luego, me meto en mi bolsa de dormir.

Nuestros papás se meten en las suyas.

Se duermen muy pronto.

Roncan muy fuerte.

Es difícil dormir
con dos narices que roncan a la vez.
Oigo ruidos afuera.
Yo, Ámbar Dorado, me pongo muy nerviosa.
—Ámbar —murmura Justo—, ¿oyes ese ruido?
Escucho con atención.

Al principio no escucho nada,
pero luego escucho un suave
"Grrrrrrrrrrrrrrrr".
Es un oso pardo.
Lo sé.
Recuerdo que pensé que sería muy valiente
si nos atacaba un oso pardo.
Pero, bueno, yo también le tengo miedo
al oso pardo.
"Grrrrrrrrrrrrrrrr", escucho otra vez.

Justo mete la cabeza en su bolsa de dormir.

Yo hago lo mismo.

Oigo que alguien se ríe.

No parece la risa de un oso pardo.

Parece la risa de Dani Daniels.

Saco la cabeza de la bolsa de dormir.

¡Es Dani sin ropa!

El papá de Dani se despierta, se acerca,
lo carga y le hace cosquillas.
Luego le pone una camisa.
No nos atacó un oso pardo:
nos atacó un Dani salvaje.
—Me escapé —dice.

El señor Daniels abraza a Dani.
El niño se ve feliz de estar aquí.

Hacemos una votación.

Dani se quedará con nosotros.

Mi papá llama a la casa para avisarles

a nuestras mamás.

Nuestras mamás también vienen.

Yo, Ámbar Dorado, ya sabía

que no hay nada como un hogar.

Ahora yo, Ámbar Dorado, ya sé

que no hay nada como una tienda de campaña.